JN439700

고독과 오독에 대한 에필로그

구석본 시집

시인동네 시인선 111

구석본 시집

고독과 오독에 대한 에필로그

시인동네

시인의 말

다섯 번째 시집이다.
그동안 시 쓰기보다 세상과 불화에 몰두했다.
그들의 질서 바깥에서 외로웠다.
그 불화와 외로움으로
두 종의 시전문지를 만들었다.
그러는 동안
시 쓰기보다 남의 시를 읽는 데 몰두했다.
여전히 외로웠다.

이제 내 시와 불화할 것이다.
그리고 외로워할 것이다.

여기까지 참 오랜 시간이 걸렸다.

2019년 여름
구석본

차례

제2부

제3부

제1부

거울

그가 거울을 본다.
거울 속에 한 남자가 죽어 있다.
남자가 웃는다 '웃음'이 죽었다.
'좋은 아침'이라고 남자가 말하자
'좋은 아침'이 죽었다.
남자는 '웃음'과 '좋은 아침'의 죽음을 보지 못한 채
붉은색 넥타이를 매고 향수를 뿌리고
로션을 가볍게 바르고는 다시 웃는다.
웃음이 두 번 죽지만 남자는 여전히 보지 못한다.
이번에는 휘파람을 분다.
휘파람이 핑그르 돌다가 죽어버린다.
남자는 쌓이고 쌓인
그들의 죽음을, 오늘의 죽음을,
끝내 보지 못한 채 떠난다.
남자가 떠난 후,
시취(尸臭)가 향수처럼 한동안 맴돌다가 사라지자
비로소 거울 속에는 복제된 어제의 풍경들이
속속 살아나기 시작했다.

새, 이름에는 날개가 없다

하늘을 날고 있는 새는 이름으로 분별할 수 없다.
높이 날면 날수록 그러하다.

까치, 백로, 까마귀와 같은 새들은 빛깔과 몸으로 구분되어
지상(地上)에 앉아 있으면 각자의 이름으로 불리지만
그 이름에 갇혀 날지 못한다.

까치, 백로, 까마귀 들이 이름을 버릴 때
비로소 그들의 하늘을 날아다니는 새가 되는 것이다.

하늘 높이 나는 새는 이름이 없다, 한 마리의 새일 뿐.

오늘도 나는 이름으로 밥을 먹고, 이름으로 전화를 받고,
이름으로 작별의 인사를 나누고
쓸쓸하게 집으로 돌아온다.
때로는 달빛 속을 홀로 걸으며
나의 이름으로 너를 부르며 눈물을 흘린다.

누군가로부터 이름이 불리는 동안 나는 날지 못한다.
이름을 버리지 못한 나는, 대신 날개를 버린 것이다.
날아오를 하늘을 버린 것이다.

지상의 새처럼 이름 속에 스스로 갇혀버린 것이다.

이름에는 날개가 없다.

고흐의 달

고흐가 귀를 버렸다.
'사랑'을 말하는 속삭임이 '사랑'을 잃어버렸고
'슬픔'이라는 목소리가
'슬픔'으로 들리지 않았을 때
고흐는 귀를 잘라 허공으로 던졌다.

진실은 그늘처럼 언어(言語) 안에 있는 법.

오늘밤, 허공에 걸린 고흐의 귀 안에서 그늘이던 언어(言語)들이 일제히 빛으로 쏟아져 지상을 밝힌다. 꽃은 꽃의 그늘로 꽃다워지고 갈참나무는 자신을 지우는 그늘로 갈참나무로 꿋꿋하다. 말이 목소리를 버린 다음 빛으로 쏟아져 지평선의 그늘을 구부려 밝히고 눈부신 한낮, 빌딩의 그늘까지 환하게 밝혀 적막으로 쌓는다.

그대 이 순간, 영혼 안에 숨어 있는 목소리로 다시 사랑을 말하라.
그러면 사랑은 스스로 빛이 되어

슬픔까지 밝히고
끝내 잠들지 못하는 사람의 눈물 속으로 젖어든다.
밤의 적막은 더욱 깊어져
지상의 허공이 지평선 그늘로 이어지고,
공중의 허공도 공중의 그늘로 스며들 때
오늘밤 일제히 빛으로 울려오는
'외로워'
그대의 영혼을 밝히는 그늘의 말씀.

교교한 달밤이다.

마네킹의 눈물

얼굴을 뭉개버렸다. 눈을 지우고 코를 지우고
입조차 깨끗이 뭉개버린 다음
영혼을 비우고서야
매끌매끌하고 반짝거리는 한 덩이의 물체가 되었다.

그리하여,
당신의 이목구비와 관계한다.
당신의 눈에서 절제된 눈물을,
붉게 채색된 입술을 복제하고
당신의 영혼까지 은밀하게 서서히 석고로 굳히면

뜻밖에도 당신,
나 아닌
당신의 원형이 떠오른다.

매끌매끌하고 반짝거리는 한 무리의 당신,

한 무리의 당신은 적절하게 그늘을 드리우는 조명 아래 수

의(壽衣) 같은 옷을

나 대신 입고 복제된 수많은 당신의 눈길을 사로잡는다. 혹은 사로잡힌다.

아름다운 것은 눈물이 없어요.

눈에는 눈물 대신 외로움이 보석처럼 반짝이지요.

조명이 꺼지면

물품관리실 구석의 어둠 속에서

더 깊은 어둠이 되어

아름다운 당신을 대신하여 외로움의 눈물을 흘린다.

상징

그대가 봄날의 찔레꽃으로 왔네.
향기롭게 왔네.
40년 만에 다시 피어난 찔레꽃,
그대의 상징이네.
그해 가을,
쌓였다 흩어지고 쌓였다 흩어지던 낙엽,
그대의 상징으로 왔네.
참나무였던, 오리나무였던, 느릅나무였던,
분별의 이름까지 지워버린 부스러진 이파리들,
그해 가을 그대의 상징이 되어
바람으로, 바람의 몸으로 쌓였다가
바람으로 흩어지고 있었네.
지난겨울이었네, 눈 오지 않는 겨울,
녹지 않는 눈을 찾아 산으로 떠났네.
그곳에서 잊었던 그대를 40년 만에 만났네.
모든 것을 버린, 그러나 뼈처럼 꼿꼿한 겨울나무,
얼음으로 얼어 화석이 된 외로움의 몸,
그대의 유일한 상징이었네.

풍선인형의 노래

내 안에서 일어난 바람이다.
허공이 길이고 길이 허공이었던 바람,
나무와 풀의 골짜기에서 울부짖던 야성(野性)이
탄력을 가진 껍질이 되어 통통 튀어 오르며
내 안에서 허공의 길을 찾는다.

나의 춤과 노래와 눈물이 바람의 길이다.
껍질로 펄럭이며 부풀어 오르는 나의 몸,
어둠으로 팽팽한 정신 하나를 허공 쪽으로 밀어 올려보지
만,

바람의 춤과 노래와 눈물은 허공의 길로 이어지고
그 길 또한 먼 허공으로 깊어질 뿐이다.

이윽고 밤의 어둠이 나무와 풀의 골짜기로 떠날 무렵
누군가 내 생(生)에서 바람을 뽑는다.
내 몸이 착착 접혀진다.
허공이 팽팽하게 부풀어 오른다.

관통

벌초하면서 봉분의 아카시나무를 뽑는다. 뽑지 않으면 다시 살아난다고 완벽한 제거방법은 뿌리째 뽑는 수뿐이라고. 죽을힘을 다해 당긴다. 이윽고 드러나는 뿌리의 정체. 나무의 키는 1미터, 그 뿌리는 두 배나 된다.

잎과 가시와 줄기만을 살았음의 형태로 알았는데……. 그 뿌리가 지하로, 관을 향해 질긴 생명을 열어가고 있었네. 소슬바람에도 흔들리는 지상의 잎과 줄기가 무덤 속 깊은 곳까지 바람과 햇살을 내리고 내려 뿌리의 길을 열고 뿌리는 줄기와 잎을 하늘 쪽으로 혹은 허공 쪽으로 높이 세우기 위해 어둠과 물을 온몸으로 뿜어 올리고 있었네.

지상과 지하의 관통.

눈물겹다.

흙속에서 지상으로 1미터 밀어 올린 뿌리의 캄캄한 힘. 제 키의 두 배로 뿌리내리기 위해 허공을 움켜잡고 한철을 견뎌온 푸른 힘. 그것을 한나절에 제거해버린 우리의 힘.

죽을힘들이 온몸으로 부딪친 현장이다.

누군가가 관 속에 남은 잔뿌리가 내년이면 다시 아카시나무를 지상으로 죽을힘을 다해 기필코 밀어 올릴 것이란다.

초가을 햇살이 봉분 위에서 배암처럼 구불구불 기어가다가 지하로 슬그머니 사라진다.

고독의 무중력

그가 없어졌다.
아침마다 그는 감쪽같이 없어진다.
사람들이 햇살처럼 우루루루 쏟아지는 시간,
그는 홀로 사라지는 것이다.
그에게 전화를 건다.
어디에 있어, 늘 그곳이지
뭐하지, 나도 몰라 내가 하는 일이 무엇인지
그렇지만 아주 중요한 일이야.
그의 말이 스르르 멀어지다 꺼진다.

그가 나타났다.
사람들이 어둠의 바깥으로 쫓겨난 다음
어둠만 철썩이는 먼 바다의 등대처럼 아스라이 반짝였다.
네가 있었다는 그곳은 어디였니?
사람과 사람 사이, 너와 같이 있었어, 아니 없었어,
그것은 너도 아니고 나도 아니었어.
투명하면서도 빛나는 피조물이었지,

사람과 사람 사이에서 나를 찾으려 하지 마
나를 찾는 순간, 나는 사라지지
내가 있는 곳은 깊고 서늘한 처음의 어둠 속이야,
어둠 속의 별 혹은 별빛 같은 것이 나야,
아무것도 밝히지 못하고
스스로만 밝히는 저 별 혹은 별빛 같은,
그래서 우주의 안이면서 우주가 되지 못한 채
고독의 무중력으로 떠 있는 거야,

그래도 너는 나를,
별 아니면 별빛이라 부르지.

인질극

엽총을 든 오십 대 남자가 전처(前妻)를 만나게 해달라고 자신의 초등학생 아들을 인질로 경찰과 대치하다가 아들은 다섯 시간 후 풀어주고 자신을 인질로 하여 경찰과 대치중이란다, TV 화면에 모자이크로 처리된 남자의 뒷모습이 얼룩처럼 잠시 비친다.

자신에게 스스로 인질이 된 그 남자,
총구는 자신의 가슴을 노리고 있다.
전처에 대한 그리움이
검은 총구 속에서 부글부글 익어가고 있다.
확성기에서는 자수하라는 음성이
집으로 돌아가는 새떼처럼
어두워 오는 도시의 하늘을
날아오르다 사라지기를 반복하지만
먼 세상의 파도로 출렁이는 그녀,
방파제 앞에서 허옇게 부딪칠 뿐
끝내 사내의 안으로 건너오지 못한다.
어둠이 도시의 속살을 조금씩 벗겨갈 무렵

그의 총구는 자신의 급소를 겨눈다.
소리 없는 총성 앞에서 명료하게 떠오르는 사내,
결코 죽지 않는 유령 같은 외로움이다.
지혈되지 않는 외로움에
사내의 온몸이 흥건히 젖는다.
그 남자, 스스로 외로움의 인질이 되어
세상의 어둠 속으로 질질 끌려가고 있다.

그날 밤 마지막 종합 뉴스 시간,
TV 화면에 클로즈업 된 것은
남자가 아니라
온 도시를 흥건하게 적시는 외로움이었다.

마네킹, 대가리가 없는 사람

'머리가 없다', 아니 '대가리가 없다'
분명, 대가리가 없다
대가리 없는 그가 웃는다,
향기로운 유혹 앞에서
뻣뻣하게 굳어가는 대가리 가진 사람들.

깨어진 믿음과 화석 같은 상상력으로 가득한 너의 대가리, 일회용 스티로폼 그릇 같은, 대가리에는 기록할 추억이나 맑게 고인 슬픔은 없는 법. 차라리 버려라. 버려서 빈자리에 가득 고여 들어올 석고의 허공을 기다려라. 그러면 밤과 낮 동안 시간들이 한없이 부드럽게 흘러 너의 한 생이 고체로 굳을 것이니. 그러면 너의 외로움도 꽃으로 수놓은 의상을 입으리.

그날, 집으로 돌아와 대가리를 버렸다. 그리고 내 온몸에 밝고 향기롭게 피어나는 꽃의 웃음과 꽃의 말씀을 착용하는 순간, 꿋꿋하게 일어서는 나를 만났다.

영혼 없는 외로움이 옷을 입었다.

오독(誤讀)

TV 자막에서
'미녀'를 '마녀', '회장실'을 '화장실',
'사건'을 '시간'으로 읽었다.

가을날,
수목원 나무에 걸린 명패에서
'수액(樹液)'을 '추억(追憶)'으로 읽는다.

오독(誤讀)이다.

'고목나무'를 '고독나무'로 읽은 날,
비로소 알았다.
오독이 아니라
비워진 마음의 중심에서 울려온 말씀인 것을.

이 가을 수목원에는
고독나무가 붉게 물들어가고 있다.

목격자

그가 나를 보았다고 한다
내가 홀로 중앙로를 걸어가는 것을 보았다고 한다
나는 내가 아니라고 했다
그곳을 걸어간 적이 없다고 했다
그러나 그는 끝내 내가 그곳을 틀림없이
걸어가는 것을 보았다고 한다
검은 옷을 입은 채 비를 맞으며 걷는 모습이
외로워 보였다고 했다
가을비가 나의 그림자를 끝없이 적시더니
끝내 내가 가을비로
중앙로에 자욱이 내리더니만
홀연히 사라지더라는 것이었다
내가 사라진 그 자리에서
젖은 잎들이 흩뿌려져 있었고
그것은 내가 남긴 흔적이었다고 말했다
나는 어느새 그의 증언을 인정하고
언젠가 흩뿌려지는 젖은 잎들을
나의 흔적으로 남기고

홀연히 떠날 것이라 말함으로
비로소 그에게 벗어날 수 있었다

그는 언제나 나를 지켜보고 있었다

마네킹, 고독을 입다

거두절미(去頭截尾)된, 머리 없는 사람이다.
입 이전의 입으로 그가 말한다.
웃음 이전의 웃음이 표정을 짓는다. 지금 나는,
치명적인 환상의 정면에 서 있다.

표정 이전의 웃음소리가
조명등 불빛으로 현란한 몸짓으로 퍼져나가면
대리석 바닥에 엎드려 있던 사람들의 고독이
입 없는 말로

은밀하고 단호하게 속삭인다.

거두절미하라. 석고로 굳은 눈물은 슬픔의 폐기물일 뿐, 추억이 말라버린 그리움은 박제된 영혼일 뿐, 단칼에 잘라라. 이전의 생각을 생각으로 자르지 말라. 빛 같은 바람, 어둠 같은 빛으로 자를지니 그리고 그 자리에 고이는 허공을 머리처럼 둥글게 말아 올리면 조립된 석고의 추억과 슬픔이 일으켜 세우는 매혹적인 외로움, 너의 골격이 되어 비로소 꽃을 수

놓은 의상을 입으리.

집으로 돌아오는 길에 머리를 버렸다.
그날 이후 거두절미된 나는,
밤마다 꽃으로 수놓은 고독을 입었다.
조명이 꺼진 쇼윈도 같은 내 안의 방에서.

소문

소문이 그림자처럼 다가왔다
어느 날, 햇살 아래서 빛처럼 반짝이며
마냥 반짝이며 먼 거리를 맴돌더니만
분명한 모습으로 온 것이다.

소문에는 자동차가 나오고
자동차 속에 한 여인과 내가 있었다.
자동차는 고속도로를 달렸다.
무엇인가로부터 벗어나기 위해 전속력으로 달리는 자동차,
마침내 세상 밖으로 사라졌다.

가을이 무르익은 저녁, 친구와 함께 소문을 앞에 두고 술을 마셨다. 소문도 우리와 함께 마셨다. 밖에는 낙엽이 어둠처럼 쌓여가고 있었다. 소문 속의 자동차는 우리가 만지자 곧 부서졌다. 여인은 친구도 모르고 나도 모르는 사람이었다. 낯선 여인은 슬그머니 가을 속으로 사라졌다. 그런데 소문 속의 나는 틀림없는 나였다. 친구는 나보다 더 나다운 나라고 말하였다. 친구는 이제 그와 술을 마시기 시작했다. 그들이 자우룩

히 취해가고 있을 때 나는 자리를 빠져나왔다. 사라진 여인의 배후가 어른거렸다. 나는 다시 세상의 길을 걸었다. 꺾인 길 모퉁이마다 먼저 사라지는 내 뒷모습이 보였다.

소문이여,
나의 헛되고 헛됨을 증언하는 소문이여,
네가 없듯이
처음부터 세상에 나는 없었던 것을.

구름, 실존을 말하다

흩어지고 싶어요.
나의 견고한 모양과 색채를 풀어 흩어지고 싶어요.
바람처럼 흘러가고 싶어요.

나는 두둥실 떠 있어야 하는가요.
허상이면서 실상처럼,
당신 밖에서 뭉게뭉게 피어올라야만 하는가요.
당신은 모르고 있어요.
내 속에 숨어 있는 천둥,
마지막 비명으로 전하고 싶은 마음을,
혹은 터트릴 순간을 엿보고 있는 벼락의 소리를,

언젠가 당신의 몸과 영혼 속으로 한순간 타올라
흩어지고 싶어요. 쏟아지고 싶어요.

소나기로 쏟아져 당신의 몸 깊은 곳으로 흘러
한 생의 허공 속으로 스며들고 싶어요.

그러나 하릴없이 당신의 바깥에서 두둥실 떠 있다
스스로 허공이 될 거예요.

마네킹, 그림자가 없다

나의 가슴은 텅 비워 가득하다.
누군가가 휘발된 감정을 나사로 조이고 조이더니
오로지 웃음의 표정이 조립되었다.
이제 표정 하나로 당신과 관계할 것이다.

당신은 언제나 무리 지어 다가온다.
무리 지어 분류되고
분류되어 한 무리가 되는 당신과
조립된 웃음으로 균일하게 관계하면
드디어 나는 부활한다.
부활하여, 무리 속으로 사라진
당신의 표정을 조립하면 또 하나의 무리로
정교하게 재생되는 당신
나를 가리켜
'이 웃음, 실감 있는 표정이야' 하는 순간,
가슴속 외로움이 조명으로 터진다.
외로움에는 그림자가 없다.

조명 아래 그림자 없이 끝까지 서 있어야 한다.

나는,

낙타의 고백

모랫길이 끝나는 그곳에는 강이 흐르고
향기로운 꽃들이 피어 있을 거야
모래밭 그 너머
밤이면 별빛이 부서져 무지갯빛으로 내리는
그런 언덕에
나만의 집이 한 세상을 암탉처럼 품고 있을 거야
모랫길은 이쪽에서 저쪽으로 넘어가는 다리,
혹은 낮은 곳에서
하늘 쪽을 향해 오르는 계단,
그렇게 생각한 거야
그러기에 모랫길을 걸어가는 슬픔,
혼자 걷는 두려움까지도 홀로 삭이며
끊임없이 되새김질하는 버릇으로 묵묵히 걸었지
모랫길은 끝이 없었지, 아니야,
모랫길은 내 안에서 시작되었어
모랫길의 처음도 나였고 끝도 나였어
내가 땅을 밟으면
어머니 같은 땅이, 서서히 모래로 변하는 거야,

내가 만진 황금빛 나무, 은밀하게 나누었던 사랑,
내 안에서 끓어오르는 외로움까지도
여지없이 모래로 변하는 걸
지평선 가득한 노을을 바라보며 비로소 알았지
그래도 나는 걸어야 하지
모래 안에 갇혀
결국은 모래 속으로 스며들어야 하지만
바람이 불어오는 저쪽 세상이 있기에
걸어야 하는 거야
오늘밤, 잠시 하늘을 보면
별들이 무수한 모래알로 반짝이고 있어

백지

백지 몇 장이 길옆에 버려져 있다.
저 백지,
하얗게 지워진 세상에서
사라진 유적지가 얼핏 보이고
그 안에 갇혀 떠돌던 한 여자의 마지막 절규가
상형문자처럼 박혀 있다.

저 백지, 새와 구름과 나무를
한 세상의 풍경으로 지우고 있다.
더 깊은 곳에서는
지금 바람 한 점이 날개를 접고
자신의 냄새를 지우고 있다.
여자가 남자를 지우고 아이가 엄마를 지우는 것이
영롱하게 반사되고 있는 저 백지,
아무 기록도 없는 게 아니다.
지우고 지워진 흔적이 투명하게 쌓인 바닥이다.

사람들이 도로의 건널목을 건너자 신호가 바뀌고

자동차들이 앞서 건너간 사람들을
시야에서 깨끗이 지워버린다.
몇 장의 백지만 도로 한쪽에서 펄럭이고 있다.

마네킹 고백

나의 가슴은 비었다.
그리움과 슬픔과 눈물은 각각 분해되어
지금 나의 가슴은 텅 비었다.
텅 빈 그 안을 단단한 나사로 조이고 조여
비로소 웃음을 꿰어 맞추었다.
사실은
누군가가 나의 웃음을 조립한 것이다.
이렇게 주어진 웃음으로 당신과 관계할 것이다.
당신의 가슴을 팽창시키던
슬픔이나 그리움 앞에서도
정갈하고도 균일한 웃음으로 관계하며
누군가가 나를 분해하여 다시 조립하기까지
꼿꼿이 서서 짐승처럼 다가오는 당신과
변함없는 웃음으로 관계할 것이다.
그렇게 할 때

당신이 '마치 살아있는 것 같아'라고
나의 생을 증언하기 때문이다.

제2부

그리기 혹은 지우기

너를 그린 적이 있었지.
꽃과 하늘을 배경으로 노랗게 웃는 너,
아침마다 간신히 기억하는 너의 꿈을 사실처럼 그렸지.
붉고 푸르고 노란색으로 덧칠한
한 장의 너,
결국은 무수한 점과 점이 엉킨 추상화였어.
이제 다시 너를 사실적으로 그린다.
너의 배경부터 그리면
문득 꽃과 하늘이 사라진다.
사라지는 것이 아니라 처음부터 허공이다.
너의 사랑을, 차마 울지 못한 울음을,
비스킷처럼 혼자 깨물던 비밀을 그리면
너와 너,
그 사이에 그려지는 선명한 점선들.
이중의 경계를 지우기 위해 이중으로 덧칠하면
너와 너, 동시에
검은색으로 하얗게 지워져 사라진다.
결국, 단색의 백지 한 장만 남는다.

가을의 의성어

가을날 산을 오르면 나무에서 소리가 들려온다.
쓸쓸, 나무가 혼자 중얼거리는 말
쓸쓸, 쓸쓸,
아니, 나무와 바람이 주고받는 말
아니다 낙엽이 스치는 소리다.
좀 더 귀를 기울여 봐
나무와 잎과 바람의 경계가 무너지면서
울리는 소리다.
쓸쓸, 쓸쓸, 쓸쓸

우리가 처음 손잡았던 그 가을날 저녁
어둠 속에서 떨리던 너의 목소리,
"사랑한다는 것은 쓸쓸함을 나누는 것이야, 쓸쓸함의 체취를 주고받는 것이야"
그때는 혼돈의 말이었지.

이제야 들려온다, 너의 쓸쓸함이 내게로 건너온다. 가을엔 나무와 잎, 나무와 나무, 잎과 잎, 숲과 하늘의 경계가 바스러져 서로를 넘나든다. 서로를 지우고 있다. 바야흐로 명료한 하나의 세상이다. 존재의 몸들이 지워진 다음, 몸 없는 존재가 투명하게 일어서고 있다. 소리로 울려오던 쓸쓸함이 나무처럼 일어서고 잎처럼 팔랑이고 드디어 눈물처럼 영혼의 계곡을 흐른다.

쓸쓸, 쓸쓸, 쓸쓸, 쓸쓸
너와 나와 바람에게서 울려오는 가을의 의성어다.

사막 여행

그대가 걸으면
세상의 길은 모래로 변한다.
뒤를 돌아보지 말지니,
그대의 배후에는 오래 쌓아 올린 성벽과 사람들의 우상이
하얗게 모래로 부서져 내릴 뿐,

물이 강을 이루고
강이 그리움처럼 흐르는 건너편
그대가 뚜벅뚜벅 닿는 순간,
어느새 모래밭으로 변하는 것이다.
그대의 길은 앞만 있을 뿐,
뒤를 돌아보지 말지니
시간은 반대 방향을 가지지 않는 법

그림자를 삼켜버린 햇살 아래의 휴식은 시간과 몸 말리는 일이다.
스스로 모래가 되는 휴식 끝에
낯선 곳에 닿는 순간,

누군가가 지나간 모래밭, 그대가 지나온 모래밭이다.
더 낯선 곳에서 부는 그대의 휘파람 소리는
모래와 모래가 부딪는 소리였다.
이윽고 해가 지면
그대의 쓸쓸함과 지평선에 홀로 서 있던 나무와
허공에서 날개를 접은 새가
거대한 모래의 세상으로 환하게 다시 열린다.

그대의 생은 처음과 끝이 모래로 이어진 길이었다.

가시

철조망을 휘감은 넝쿨장미가 꽃을 피웠다.
철조망 가시와 장미의 가시가 엉켜 꽃을 피운 것이다.
꽃의 뿌리는 가시다.
뿌리는 흙이 숨겨놓은 흙의 가시다.
모든 몸의 뿌리는 가시였다.

그대가 투명한 차창 건너에서 내 이름을 부를 때
그대의 목소리는 들리지 않고
자음과 모음이 여러 개의 가시가 되어
가슴을 깊숙이 찔러온 것도
내 이름의 뿌리가 가시였기 때문이다.

차창 너머로 보내던 나의 손짓에 울음 터뜨리던 그대,
내 손짓의 뿌리가 굵고 뾰족한 가시였다.

어느덧 우리는 울지 않는다.
뽑히지 않는 가시의 힘으로 꽃이 피어나는 봄밤에도
누군가의 이름을 부르지 않는다.

맨살처럼 부드러운 장갑 낀 손으로
장미꽃 한 송이 거침없이 꺾는다.

드디어 우리는 뿌리를 잃어버렸다.

가을의 말씀

가을의 말씀에는 비유가 없다.
비유의 잎이 사라지고, 비유의 열매가 떨어지고
바람이 오직 바람의 음성으로 던지는 말씀,
현란한 몸짓과 안에서 번져
밤낮을 물들이던 빛깔이 완성한,

한 생의 구상화는
낙엽이었네.

당신이 홀로 걷는 아스팔트길에
우수수 쏟아져 흩날리는 침묵의 말씀

몇 장면의 추억과 더불어 당신의 영혼 깊은 곳에서
슬픔을 더욱 슬프게 하거나
기쁨을 더욱 출렁이게 하던 단어들이
헛소리, 헛것이 되어
결국 바람의 음성으로 묻혀버릴 뿐,

낙엽, 흔들리지 않는 정체

단 한마디,
가을의 말씀이었네.

극장에서

지금 화면에는
남자와 여자가 마주 보고 있다.
남자가 여자에게 '사랑'을 말한다.
여자의 허리가 슬픔으로 휘어진다.
음악이 낑낑거리며 그들의 사이를 파고든다.
어둠이 그들을 환하게 밝히자,
남자의 '사랑'과 여자의 '슬픔'이 뒤엉킨다.
줄줄 흐르는 외로움,
배경은 꽃피는 봄에서 겨울 바다로 이어진다.
남자 홀로, 눈 내리는 바닷가를 거닐고
휴대전화에서 들려오는
여자의 음성이 파도 소리에 묻힐 무렵
여자 홀로, 방 안에서 운다.
이윽고 남자와 여자가 사라지자, 불이 켜지고
화면 가득 채웠던 사랑 혹은 슬픔은
우리들,
외로움의 배경일 뿐이었다.

공중

공중에 사다리를 놓아본 적이 있습니까
사다리를 놓아
높이 올라가는 길을 찾으려 한 적이 있나요
순식간에 허공으로 사라집니다
눈물로 공중을 적시려 한 적이 있습니까
한동안 비가 되지만 어느새 구름처럼 사라지지요
오로지 하나
당신을 생각하면 언제나 하늘 속에 있습니다
당신의 말씀도 아득히 피어나
맑은 피아노 소리로 내 가슴을 울립니다
당신을 향한 그리움이
저녁 하늘에서 노을로 흐르다가
이윽고 별이 뜨는 밤이면
당신의 무수한 눈동자가 반짝입니다,
캄캄한 공중에서 반짝입니다.

꽃 대신 이름

이름 없는 꽃을 보았다.
그늘과 바람이 숲을 이루는 곳에서
이름 없는,
정체불명의 꽃을 만났다.

너는 무엇이니?
꽃이 으르렁거린다.
몰라요. 무엇인지 몰라요.
꽃, 그대로 그냥 있어요.
빛깔과 향기로 으르렁거리며 있어요.
정체를 들켜버린 이제
빛깔 대신, 향기 대신 이름이 지어졌어요.
이름이 찬란하게 피어났어요.
지금부터 꽃 대신 이름으로 부르세요.

꽃 대신 이름을 부른다.
이름 대신 으르렁거리던 꽃이 지고 있다.
빛깔과 향기도 덩달아 지고 있다.

그날,

꽃 대신 이름 한 아름 꺾었다.

뿌리에 관해서

일본 구마모토 현의 아소산이 폭발했다. 분화구에서 흙과 돌과 물과 나무가 일시에 불길로 솟았다. 수천 년 산으로 살아온 흙과 돌과 물, 그 위의 나무와 바람의 뿌리가 지층 깊은 곳 끓어오르는 불에 닿아 있다는 것을 처음으로 알았다. 나무가 단풍으로 붉게 타오르는 것도, 바람에서 때때로 시신 타는 냄새가 흐르는 것도, 그들의 뿌리가 불에 닿아 있기 때문이라는 것을 아소산 분화로 알았다.

우리들 가슴의 지층에서 이글거리는 그리움과 외로움이 핏빛으로 붉은 것이 아니라 그 뿌리가 영혼의 불에 닿아 있기 때문이라는 것을 붉게 타오르는 겨울 바다를 바라보며 처음으로 알았다.

그런데 그 남자, 불의 흔적이 없다. 뿌리를 일찍 들켜버린 그 남자. 언제나 물처럼 흘러 낮고 어두운 곳을 적시며 누군가의 길이 될 뿐, 그 남자의 뿌리였던 그리움과 외로움의 불은 일찍 지층으로 스며들었거나 증발해버린 것이다.

그 남자가 TV에서 화산 폭발 소식을 마지막 뉴스로 보고 있는 동안 아내는 가스불로 늦은 저녁을 준비하고 있다. 잊혔던 그 남자의 불같은 그리움과 외로움이 비린내를 풍기며 익어가고 있다.

산 혹은 神

'산을 오른다'는 어느 시인의 시구(詩句)를
'신을 오른다'로 읽은 봄날, 산을 오른다.
산길 곳곳에 무덤이 이정표처럼 봉긋이 솟아 있다.
무덤은 산을 본뜬 거야,
헐떡이며 산을 오르는 일행 중 한 사람이 말했다.
산은 신들의 무덤이야.
무덤은 산이 되고 산이 신이 되는 산길
누군가가 '신은 죽었다'고 신의 음성으로 말할 무렵
이윽고 정상에 올랐다.

산 아래서 하늘이라 불렀던, 세상 바깥이라 생각했던, 그래서 세상을 떠난 그들의 눈물이, 그들의 외로움이 어느덧 영원의 몸이 되어 문득 나타날 수도 있으리라 상상했던 정상은 빛깔도 소리도 느낌까지도 없는 무한의 허공이었다.

정상이 맞닿은 하늘의 세계는 텅 빈 허공이었다.
초기화면 이전의, 시작도 종료도 없는 화면이었다.
허공에서 불어오는 허무의 바람에

우리들은 신의 무덤에 피어난 꽃으로 하늘거리다가
무덤 하나 짊어지고 산을 내려왔다.

구름, 허공을 말하다

'정처 없이 떠도는 구름'이라 말하며
엄연한 나를 허상으로 여기지만
나의 바깥, 허공이 아닌 하늘이라는 것을
몸의 경계로 보여주지요
내가 있어 허공의 몸이 드러나네요.

하늘을 보는 당신, 실은 나를 보는 것이지요. 지상(地上), 또한 당신이 없다면 당신의 몸에서 밤마다 헐떡이는 별빛 같은 외로움이 없다면 지상은 어둠의 허공일 뿐,

우리는 허공의 경계로 있다가 마침내 스스로를 허물어 허공이 될 거예요.
어두울수록 별빛으로 더 단단해지던 외로움도 풀어져
허공 너머의 우주를 만날 것입니다.

지상과 하늘의 어둠 속에서 빛의 그림자처럼 떠도는 우리
허공 너머의 우주를, 칠흑같이 지울 수 없는 고독을
증언하는 엄연한 몸의 세계입니다.

꽃을 꺾으며

손으로 꽃을 꺾는다
꽃은 꺾여서 비로소 꽃이다
뿌리를 가진 것은 꽃이 아니다

뿌리를 벗어난 꽃이
내 손 안에서 피어나고 있다
꽃 속에 숨어 있던 바람이 일고
바람 따라 향기가
한 줄기 물처럼 흘러 내 몸속으로 들어온다

내가 나를 꺾고 있다

추억론

수목원을 거닐다 나무에 걸려 있는 명패를 보았다. 굵은 고딕체로 개옻나무라 쓰여 있고 그 밑 작은 글씨로 '추억은 약이 되나 독성이 있다'고 쓰여 있다. '추억이 약이 된다' 멋진 나무야, 가까이 다가가 들여다보니 '수액은 약이 되나 독성이 있다'였다. 그러나 그날 이후 나는 그 명패를 '추억은 약이 되나 독성이 있다'로 읽기로 했다.

햇살이 영혼을 쪼아대던 봄날, 신경의 올마다 통증이 꽃처럼 피어오르면 약 대신 추억의 봉지를 뜯었다. 밀봉된 봉지에서 처음 나온 것은 시간의 몸, 시신(時身)이었다. 시신은 백지처럼 건조했다. 피와 살의 냄새조차 증발해버렸다. 그 안에 사랑과 꿈과 그리움들이 바싹 말라 부스러져 있었다. 그들의 근친상간으로 잉태한 언어들이 발화하지 못한 채 흑백사진으로 인화되어 있다.

약이 되는 것은 스스로 죽은 것들이다. 죽어서 바싹 마른 것들이다. 살아있는 것에서 독성을 느끼는 봄날이다.

약을 마신다. 정성껏 달인 추억을 마시면 온몸으로 번지던 통증이 서서히 가라앉는다. 나의 영혼이 조금씩 말라간다. 언젠가 완벽하게 증발하면 나 또한 누군가의 추억이 될 것이다.

봄날, 추억처럼 어두워져 가는 산길을 홀로 접어들어 가고 있는 나를 본다.

외로움의 상징

드디어 상징이 되었네.
내 눈물 바깥의 눈물이었던 그대의 뿌리,

마침내
낡은 상징이 되었네.

그리하여

꽃으로,
어둠으로,
바람으로,
별에서 오는 빛으로,
반짝이고 출렁이고 향기롭지만
끝내

무수히 담금질 당한 가죽처럼
질기고 부드러우며 결코 지워지지 않는
외로움이었네.

낮과 밤, 그 사이

낮에 보는 장미꽃은 꽃송이가 전부다.
그늘까지도 꽃 속에 묻혀 있다.
밤이면, 온통 향기로 가득하다.
장미의 낮과 밤,
꽃과 향기 사이에 가시가 숨어 번득인다.

봄밤에는 그리움이 들개처럼 몰려와
불면의 가슴을
야성의 이빨로 아작아작 씹다가 아침이면,
그리움의 핏물과 냄새를 지우고
빛 속으로 환하게 묻혀간다.
정신의 바깥, 온통 빛으로 환하다.

밤과 낮
그 사이에 숨어 있는 햇살의 가시,
빛 속으로 까무룩 묻혀가는 영혼의 변죽을 찔러
그리움의 그늘을 시나브로 피우는
저물어가는 봄날이다.

별, 그리고 별빛

중심이 없는 넓고 깊은 곳에서 홀로 빛나는 별,
우주의 존재를 알리는 빛이다.
아무것도 밝힐 수 없는 어둠의 빛이다.
우주의 고독이다.

언젠가 너와 나 사이를 스치던 빛을 기억하지,
너와 나 사이의 정체 모를 어둠과 어둠이
부딪치면서 일으키던 빛,
그 무엇도 밝히지 못한 채 찰나에 사라졌다.

그런데 오늘밤, 내 안에
진신사리(眞身舍利) 같은 적막한 빛이 보인다.
웃음과 눈물과 사랑이 마지막 한 방울까지 분해되어
마침내 중심이 지워진,
우주처럼 텅 빈 내 안에서
홀로 일어나는 고독의 빛

기억 속 그날의 어둠이 아닌

내 안의 별빛,

비로소 나의 진신(眞身)을 보았다.

토요일기

정오 무렵 결혼식에 갔다.
축의금을 내고
예식장보다 더 큰 식당에서 점심을 먹고
소주 두어 잔을 마셨다.
저녁에는 장례식에 갔다.
부의금을 내고
빈소보다 더 넓은 식당에서
밥을 먹고
소주 두어 잔을 마셨다.

오늘은
삶과 죽음,
이승과 저승을 건너다니다
귀가한
참으로 길고긴 하루였다.

자화상

오십의 그녀는 검은색으로
자화상을 그리고 있다
눈동자를 그리고
그 눈동자 속에 피어 있던 꽃을,
검은색으로 그리면
꽃이 지워지고 눈동자가 지워진다
귓속을 차마 울리지 못한 침묵의 소리를,
뱀처럼 스르르 다가와
가슴속 깊은 곳에
서늘한 길을 내던 그리움을,
차례차례 검은색으로 그리면
지워져 가는 그녀의 얼굴이 보인다
한 생이 검은색으로 덧칠이 되어
천천히 지워지고 있다

유리벽

유리벽은 절묘하다.
그대와 내가 마주앉은 순간
그것은 우뚝 선다.
그대와 나 사이에서 솟구친다.
유리벽은 투명하다.
없는 듯하면서 완벽한 허공의 벽이다.
새 한 마리 유리벽을 향해 화살처럼 날아온다.
허공에 걸려 있는 저 벽, 새를 삼킨다.
투명한 허공의 벽, 그쪽에 그대가 있다.
나는 이쪽에서 그쪽을 향하지만
이쪽이 그때마다 나를 삼켜버린다.
나의 간절한 말이 그대를 향하여
새처럼 목숨을 걸고 날아오르지만
그대의 밖에서 침묵으로 사라질 뿐,
다가가면 다가갈수록
그대는 보이지 않는다.
유리벽은 절묘하다.
이쪽은 이쪽에서 이쪽을 지우고

그쪽은 그쪽에서 그쪽을 지우는 유리벽,
동시에 그대와 나를 바라보게 하는 세계.

저 꽃

벼랑의 끝이었어.
바람이 몰려가다가 덜컥 멈추는
그 자리,
햇살이 첫사랑처럼 쏟아지다가
그늘로 사그라지는 그 자리,

혼자 가쁜 숨결로, 흔들리며 피어 있는,
불러줄 사람이 없어
처음부터 이름이 없는,

저, 꽃

저 꽃

외로움에도
빛깔과 향기가 있다.

제3부

내 몸이 사막이었네

끝없는 모래밭을 건던 다리가
죽은 나무 그늘에서 모래로 변하기 시작하더니
허벅지를 지나 가슴으로,
멀리서 환영처럼 나타나는 그대를 향하던
은밀한 눈짓까지 모래로 쌓이더니
음악의 선율처럼 몸속을 흐르던 바람도
모래로 쌓여, 스스로 사막이 되었네.
이제 푸른 하늘 아래 솟아오르는 신기루를
모래언덕으로 세우고
몸의 어두운 구석에 숨겨둔 영혼의 우물,
그 깊은 속까지 모래로 가득 채우면
이윽고 광활한 모래의 세계가
내 몸에서 열린다네.
언젠가 낙타를 몰고 사막을 지나는 그대가
내 몸의 단전(丹田)을 딛고
"사막에는 아무것도 없어, 바람뿐이네"라고 말하면
모래로 쌓이고 쌓이던 한 생(生)이
비로소 바람이었음을 알겠네.

바람의 뿌리

비슬산 정상에서 본 것은 바람이었다.
산의 정상 위로 펼쳐진 무한대의 공중,
오늘과 내일의 경계가 없는 영원의 세계가 바람이었다.
바람 아래 숨 멈추고 있는 지상,
바람의 뿌리였다.

나무는
나무의 바람을 피워 올리고
새벽마다 내리는 이슬은 증발을 꿈꾸고
강은 한 줄기 바람을 일으키기 위하여
하염없이 출렁인다는 것을 비로소 알았다.

밤마다 뼛속 깊이 흐르는 당신의 외로움,
그리움의 절정이 눈물이 아니라
눈물 속으로 슬며시 뿌리내리는 바람이라는 것을
산의 정상에서 당신의 이름을 부르며 비로소 알았다.

우리의 정수리를 짓누르던 것이

이루지 못한 꿈이 아니라
냄새도 빛깔도 없는 바람이었다는 것을
산의 정상에서
그 뿌리를 비로소 보았다.

허공

절벽의 끝부분을 딛고 서서 아득한 아래를 내려다본다. 시선이 아래로 아래로 내려가다가 이윽고 멈추는 곳은 아스라한 곳, 세상의 모든 사물들이 형체를 풀어 가물거린다. 고이기도 하고 흐르기도 한다. 그 위를 안개가 피어오르기도 한다. 아니, 그들의 힘으로 안개가 피어오른다. 빛깔과 모양과 소리가 있는, 그래서 꽃, 나무, 새라고 이름 붙여준 그것들, 저렇게 멀리 놓이면 안개처럼, 어둠처럼 풀어져버린다. 실체인 것이다. 그것을 다시 꽃, 나무, 새라는 이름으로 부르지만 그들은 보이지 않고 메아리만 아스라이 울린다. 그들이 풀어져 있는 곳, 풀어져 다시 뭉쳐 있는 허공이다. 그래, 모든 존재가 모이는 허(虛)와 공(空), 그곳이다.

우리들 가슴 깊은 곳을 밤마다 가득 채우는 그리움, 외로움, 쓸쓸함, 그 안개 같은 것들. 안에 있으면서도 닿을 수 없다. 그렇게 아스라이 밤마다 피어오르는 것들, 우리들 생이 풀어져 모여드는 허공이다.

물총고기

물총고기는 양수 같은 물속에 몸을 숨기고 한 곳을 노린다. 물가의 수양버들 가지 끝에 잠자리 한 마리가 앉아 있다. 사방은 고요하다. 고요 속에 죽음이 고인다. 매미 울음소리 그 위에 파문을 그리는 순간, 물총고기가 물을 쏜다. 잠자리 물 위로 떨어지고 매미 울음소리 그친다. 양수의 기억으로 몸을 감싸던 물이 총알이 되는 것을 처음 보았다. 부드러운 것이 한순간 총알이 되어 날아가는 그 완벽한 변화, 열렸다가 순식간에 닫혀버리는 천지개벽이다.

자궁 속 우리가 가진 것은 따뜻하고 부드러운 양수뿐이었다. 생의 시작은 양수의 부드러움으로 적의(敵意)를 숨겼고 총알을 만들었다. 적의는 양수처럼 한없이 부드럽고 보이지 않는다. 보이지 않는 것은 부드럽다.

밤이다. 어둠이 부드럽게 몰려온다, 숨어 있던 적의가 나를 향해 몰려온다. 나도 부드러운 어둠을 한입 말아 내 바깥의 그림자를 노린다. 내 바깥에서 쓰러지는 나를 본다.

양수 속 투쟁의 추억은 씻지 못할 전생의 그리움이다.

존재의 끝

모든 것은 끝이 있다고 합니다.
절망에는 절망의 끝이,
풀잎에는 풀잎의 끝이 있다고 합니다
우리가 풀잎의 끝을 만지면서
'풀잎의 끝이다'라고 말하면
풀잎의 끝은 어느새 바람과 이어져
그 여리디여린 몸으로 허공을 흔들고 있지요.
나뭇가지의 끝을 바라보는 순간,
새 한 마리
하늘 높이 날아오르며 허공으로 사라지지요.
풀잎의 끝과 나뭇가지의 끝이
저 아득한 허공으로 이어져 있음을 비로소 보지요.
우리가 사는 이 세상도 끝이 있다고 말하지만
세상 밖의 세상에서 빛나는 별을 볼 수 있는 것은
이 세상이 또 다른 세상과 이어져 있기 때문이지요.
우리의 삶에도 끝이 있다고 말하며 달려가지만
삶의 끝도 허공과 이어져
몸으로는 닿을 수 없는

아득한 허공에서 스스로 별이 되거나
빛을 품는 어둠이 되지요.

사냥일지

새벽이 눈을 감은 채 등을 보이며 막 떠나가고 멀리 햇살 두어 뭉치가 소란스럽게 숲을 흔들 무렵, 그 숲속에 들어섰다. 여기가 어딘지 왜 왔는지도 모른 채였다. 햇살 줄기 따라 달리기 시작했다. 무수한 나뭇잎들이 가시로 박혀 왔지만 앞을 노리며 달려야 했다. 한 골짝 지나자 무엇인가 나를 뒤쫓아 오고 있다는 것을 어슴푸레 알았지만 뒤를 돌아보지 않았다.

이윽고 해는 중천에 솟았지만 여전히 그것은 보일 듯 말 듯, 잡힐 듯 잡히지 않고 앞서 달리고 있었다. 골짝마다 희망은 낙엽처럼 떨어졌지만 그것을 향해 화살을 쏘았다. 여자가 죽었다. 여자는 그것이 아니었다. 바람이 죽었다. 아니었다. 곰이 죽었다. 그것이 아니었다. 끊임없이 화살을 쏘았다. 화살 하나에 죽어가는 것들의 피가 굳어갈 때였다. 나의 뒤에서 화살이 날아오기 시작했다. 이제 화살을 피해 다시 앞만 보고 달려야 했다. 나는 아니야. 네가 노리는 그것이 아니야 나는, 보이지 않는 누군가에게 말했다. 무수한 화살 속으로 꽃잎처럼 붉은 나의 목소리는 묻혀갔다.

해는 지고 숲에는 어둠이 부드러우면서 긴 호흡을 할 때 내 앞에서 달리던 그것은 끝내 정체를 밝히지 않은 채 사라졌다. 그것이 사라진 자리에 어둠이 허공처럼 솟아났다. 나를 향한 화살은 어둠 속에서도 날아왔다. 나는 재빠르게 숲을 벗어났다. 숲 밖에는 내가 쏘았던 화살들이 어두운 허공으로 여전히 날아가고 있었다.

정지화면

한 쌍의 남녀가 거리를 걷고 있다
그들의 정면은 보이지 않는다
가로등 불빛은 등만을 클로즈업 한다
클로즈업 되는 순간, 모든 것은 정지한다
정지화면으로 보는 남녀 간(間),
어깨와 어깨, 등과 등, 허리와 허리에
넘을 수 없는 유리벽 같은 사이[間]가
외로움의 숙주로
정지화면에 클로즈업 되어 파랗게 나타난다
화석처럼 두껍고 단단하다 외로움의 DNA가
저 화석 속에 문신처럼 박혀 있다
이윽고 가로등 불빛이 꺼지면
정지화면이 풀리고
유리벽 같은 사이도 풀어지고
다시, 두 남녀가 걸어가기 시작한다
그들은 손을 잡고
어둠 속으로, 깊은 어둠 속으로 묻혀간다
그 무렵, 외로움의 DNA가 움직이기 시작한다

겨울나무의 생

상수리나무 꼭대기쯤에 까치집이 있다.
겨울 상수리나무는 폐지 같은 몇 개의 잎만 달고
언덕배기에 큰 키로 서 있다.
바람이 불면 가지들이 흔들리고
남은 몇 개의 잎이 떨어져 바스러진다.
그래도 까치집만은 여전히 흔들리지 않는다.
앙상한 가지들이 까치집을 움켜잡을 때
상수리나무 근육이 시퍼렇게 일어나,
순간적으로 허공을 물들인다.
바람이 불 때마다
상수리나무는 가진 것 하나씩 버리고 있다.
마지막으로 달려 있던 도토리가
톡, 비명 같은 소리를 내며 지상으로 떨어진다.
이제 상수리나무는 알몸으로
까치집 하나,
오직 하나 남은 까치집에 온 생을 걸고
겨울바람 앞에 버티고 있다.

허기

은빛 고요가 불타오르는 쟁반 위에
구워진 생선 두 마리가 놓여 있다
한 생을 자글자글 태우던 허기,
정면 체위로 누워 있다

나이프로 먼저 대가리를 자르고 꼬리를 자른다
그다음 배때기를 쩌억 가르면
살보다 먼저 드러나는 주렁주렁 엮인 알들,
포크로 찍어 천천히 씹으면 하나씩 입 안에서 터진다
비릿하면서도 고소하다
한 생을 통째로 먹는 맛이다
목구멍으로 넘어가면서 알들이 푸드득거린다
비로소 깨어나 한사코 내 살 속으로 파고든다
알알이 내 살 속에 박혀 부풀어 오른다
어느새 내 몸은 만삭이다
만삭의 몸으로 식당을 나서면
알에서 깨어나
내 안에서 끊임없이 푸드득거리는 치어들,

포크와 나이프를 들고
채울 수 없는 허기로 자글자글 타오르는 나를
쟁반 위로 스르르 올려놓고 있다

고사목(古死木) 앞에서

그대 이제, 비로소 흔들리지 않는다.
꽃피우지 않는 뿌리는 땅속 깊이 박혀
마침내 중심이 되고
꿈꾸지 않는 가지는 바람 앞에서도
언제나 하늘을 향해 뻗어 있다.

겨울밤, 눈처럼 하염없이 쌓이던 간절한 그리움을,
무시로 칼날처럼 솟구치던 독기를,
활딱 벗어버리고
전라(全裸)로 서 있는 그대,
한 생을 증언하는
저 싱싱하고 꼿꼿한 자세,
죽음은 이렇듯 구체적이다.

세상 안에서
살아있는 자들이 닿을 수 있는 영원의 모습이다.

무덤

가을날 오후 산을 오른다.
길옆, 무덤 하나가 낙엽으로 쌓여 있다.
그러고 보니
무덤에는 낙엽만 쌓이는 것이 아니라
햇살이 쌓이고
오늘 아침 사라진 이슬도 쌓여 있다.
개미 두어 마리 무덤을 오르더니
낙엽 속에 쌓여버린다.
그대와 내가 한때
손잡고 피워 올리던 사랑도
무덤에 쌓여 눈물을 흘리고 있다.
무덤가에 잠시 앉는다.
산길을 쉬지 않고 오르던 사람이
낙엽처럼 조금씩 부스러지며
참으로 조용히 아무도 몰래
내 속으로 들어와 쌓이고 있다.

홀로 걷는 산길

산길을 홀로 걷는다.

오르면 오를수록
은밀하고 부드러운 그리움은 가쁘게 차오르지만
너를 부르는 내 목소리는 바람으로 흐를 뿐,
이름이 되지 못한다.

그 누구도 그 무엇도 호명하지 못하는
산길의 쓸쓸함과 외로움이
기억의 이름을 되새김질하지만
내 그림자만
숨 가쁜 발자국 소리를 내며 좇아온다.

모롱이 하나를 돌아 산중턱에 오르니
나타나는 이정표,
한 길은 정상으로 또 다른 길은 중턱을 휘돌아 하산하는 길이다.
앞서가는 사람이 중턱 길로 떠나며 동행을 권하지만

나는 등을 돌려 정상으로 향한다.
누군가가 걸었던 길을
나만의 길이라고 단호히 우기면서
어려운 길을 걸어야 무엇이라도 남길 수 있다고
발자국 위에 발자국을 찍어보지만
뒤돌아보면 어느새
부스러진 낙엽이 발자국을 지우고 있다.

남기고 지우고 다시 남기고 지워,
숲이 되고 길이 된 것을……

저물 무렵 정상에 올라서자,
먼 들녘의 어둠 속으로
발자국을 남기며 걸어가는 내가 조금씩 선명해진다.

어느새 짙은 어둠이 나를 지워가는 것이 보인다.

쓰레기

손바닥으로 재빠르게 움켜잡았다
손바닥을 펼치자 파리 한 마리 죽어 있었다
푸른 듯 흰 빛깔의 날개에서
일어나던 바람 소리가 먼지처럼 부스러지고
사랑을 찾아 헤매던 영혼도
체액으로 빠져나와 서서히 말라들고 있다
적당히 건조한 그의 몸을
쓰레기통 한구석에 털어버린다
쓰레기통은 하나의 죽음을 담고도 까딱하지 않는다
방 한구석에 처박혀
있는 듯 없는 듯, 여전히 있다
방에는 컴퓨터도 여전히 켜져 있고
컴퓨터 앞에 나도 여전히 앉아 있는데
한 마리의 파리가 또다시 날아든다
손바닥으로 그를 노리기 시작하였다
방 한구석에 숨어 있는 손바닥이
이제 막 나를 향하고 있는 것이
그림자처럼 일렁이며 얼핏 보였다가 사라진다

비 오는 날의 산책

가랑비 내리는 날, 숲속을 걸으면
몸을 웅크렸다 더 높이 펴는
나무의 기지개가 보인다.
비 오는 날, 사람들이 사라진 숲길을 가다 보면
밖에서 보던 숲이 하나가 아니라
나무 한 그루가
숲속에 잠시 묻혀 있었을 뿐임을 안다.
우리의 세상길이,
홀로 걸어야 하는 그 길이
잠시 사람들 속에 묻혀 있음을 안다.

사랑법
—알밤을 먹으며

숨겨야 한다고 배웠습니다.
들키지 않아야 한다고 알았습니다.

사랑은

그래서 가시를 세웠습니다.
가지 끝,
아무도 닿을 수 없는 아슬한 곳에 있었습니다.

그대의 몸에 닿지 못한 원죄의 가시로
차라리 내 안을 찌르고 찔러
아픔과 그리움과 외로움을 익혔습니다.

이 가을,
그대 향한 사랑으로 익은 몸을 열었습니다.
온몸을 맡기오니,
그대의 야성으로 한입에 깨물어 주세요.
먼지처럼 폴폴 날려 주세요.

그리하여,

가시 하나 없는 허공이 되오리다.

허공의 몸

그분이 돌아가셨어요,
휴대전화로 친구가 알려 왔다.
그분이 돌아가신 곳은 어딜까
내 안에서 속삭이는 목소리,
늦가을 길 위에 낙엽이 시나브로 떨어진다.
나무의 우듬지에 아직 남은 잎들이 바람과 속삭인다.
그분이 돌아가셨어요 방금,
낙엽을 줍는다.
한 생을 돌고 돌아 돌아가신 그분,
여름 한철 갈참나무의 표징이었던 이파리
이제는 퇴색하고 바스러져 이름조차 지워진 채
바람에 휩싸여 돌아간다.
다시 낙엽이 떨어진다.
방금 돌아왔어요. 저 위를 보세요.
허공과 맞닿은 우듬지에 아직 남은 잎들이 펄럭인다.
저곳에서 돌아왔어요,
마침내 돌아온 여기는, 저곳에서는 아득한 허공이었어요.
그런데 뭇 몸들이 빽빽한 숲이네요.

낙엽을 손바닥 위에 올려놓자 바람으로 돌아, 돌아간다.
허공 속으로 사라져 허공이 된다.
그래, 저곳에서는 이곳이 허공이고
이곳에서는 저곳이 허공이야.
결국 허공과 허공이
땅의 몸과 하늘의 몸으로 이어져 있는 거야.
그분은 허공의 몸을 돌아간 것일 뿐.
아니, 그분이 허공의 몸이었어.
내가 걸어가고 있는 그곳,
완벽하게 가득하여 보이지 않는 허공의 우듬지,
그러나 이 가을에는
내 몸의 중심으로 단단하게 자리 잡는다.

노을

누군가
그어놓은 점선에 갇혀
쇳물처럼
안으로만 안으로만 끓어오르던
그리움이
한 생이 다하여 저무는 순간,
점선 바깥으로
왈칵 쏟아져
구천(九天)으로 흘러가고 있다.

오늘도
한 사람의 그리움이 붉은 점선을 그으며 흐르고 있다.

러닝머신에서

러닝머신 스타트 버튼을 누르면 길이 열린다.
내장된 길이 열린다
혼자 걷는 길이다.

외로움이 길이 된다.

산책

길을 걸으며 불어오는 바람 한 줄기를 씹는다
바람이 비스킷처럼 입에서 바스러지며
내 속을 한 바퀴 휘감더니만
몸을 부웅 띄운다
길조차 부웅부웅 떠올라
나비처럼 날아오르고 있다
이제 걸을 수가 없다
어디로 갈까, 어디로 갈 수 있을까
달빛이 입 안으로 들어와
아이스크림처럼 녹는다
그리움과 외로움이 아이스크림처럼 녹아
온몸을 덮어씌운다
무엇을 할까, 무엇을 할 수 있을까
노곤하다 전신이 녹아내린다
바람을 씹는다
아이스크림을 씹는다
질겅질겅 씹어, 배어나는 그리움과 외로움을
껌처럼 쓰레기통에 탁 뱉는다

이제, 나는 길을 똑바로 걸어가는
도시인이 된다.

달밤

고습도치 한 마리,
동그랗게 몸을 말아 허공에 걸려 있다.

온몸에서 내뿜는
거부의 빛,
지상을 찌르고 있다.

온 천지에 노란 외로움이 들끓고 있다.

해설

고독의 필경사

박동억(문학평론가)

1. 고독해지려는 욕망

고독을 두려워하는 본능이 인간에게 있다. 외롭지 않기 위해 인간은 사랑하고, 공동체를 이루며, 법을 짓는다. 종교나 국가라는 이데올로기보다 외로움이야말로 우리를 인류로 묶는 더 근원적이고 존재론적인 이유다. 그리고 문명의 편리로 인해, 인간의 노동이 사물로 대체되고, 인격이 인공지능으로 대리되면서, 관계의 이유가 상실되는 현대에는 외로움이야말로 강력한 연대의 이유가 된다. 나의 외로움이 비로소 타인의 외로움을 돌보게 한다. 그런데 대부분의 사람이 이해하는 외로움이란 실은 외로움을 회피하는 방식으로서 체험된 것이다.

사랑하기 위해서 잠시 고독해지는 것이다.

우리는 사뭇 다른 방식으로 외로움과 관계하는 시인들을 떠올려볼 필요가 있다. 외로움을 직시하고 가슴 깊이 받아들이는 순간에 시인의 마음은 무엇에 도달하는 것일까. 바로 구석본 시인이 행해온 시 쓰기란 그러한 물음과 포개어진다. 그는 묵묵히 자신의 고독을 들여다본다. 사람들 사이의 쓸쓸함을 본다. 좀처럼 뭉쳐지지 않고 허공으로 흩어지며, 허공에서나 겨우 만나는 인간들의 마음을 본다. 그의 두 눈에 비친 모든 인간은 외롭다. 다정하게 걷고 있는 연인조차 깊이 들여다보면 '외로움의 DNA'(「정지화면」)를 품고 있다. 사랑하는 동안에도 인간은 외롭다.

구석본 시인에게서 외로움은 다른 쓰임새로 발견된다. 그것은 연대의 이유가 아닌, 하나의 존재가 오롯이 완수해야 하는 통증이다. 그것은 우리 몸속에 깊이 박힌 뿌리이자 화석이며 가시이며, 아무리 타인과 함께 보듬을지라도 사라지지 않는 고독의 말뚝이다. 왜 외로움은 삶에서 뿌리 뽑히지 않는가. 왜 우리는 매 순간 다시 외로워지는가. 어떤 의미로 구석본 시인은 쓸쓸함 자체를 욕망한다. 앞서 우리는 사랑하기 위해 쓸쓸해야 한다고 말했다. 그 말은 틀렸다. 적어도 구석본 시인의 시를 읽을 때는 그렇다. 어쩌면 우리는 타인과 사랑하려는 욕망보다 고독해지려는 욕망에 더 쉽게 사로잡히고 만다. 상처 입지 않기 위해, 위태로워지지 않기 위해, 오롯이 나를 나로 지키기 위해 우리는 외롭다. 대부분의 인간이 외로움을 회피할 때, 구석본 시인은 고독을 완수할 때 드러나는 존재의 신비에 관해 말한다. 고독을 통해 존재를 관조하는 방식을 제안한다. 그리하여 구석본 시인의 시를 맴도는 욕망은 고독이다. 그의 시에서 외로움은 사랑보다 크다.

모든 육체는 그 자체로 고독이다. 타인과 포옹하기 위해 나아가는 그 몸이야말로, 타인과 나를 구분하는 경계이다. 인간은 자신의 육체 이상 타인에게 전진할 수 없다. 필연적으로 구석본 시인이 멈춰서는 장소는 바로 자기 존재, 즉 자아다. 대부분의 사람은 자아를 상실하게 만드는 강렬한 감정들, 즉 사랑, 기쁨, 증오, 절망과 같은 감정을 느낄 때만 우리 자신의 존재를 강하게 느낀다. 하지만 그보다 더 깊은 자리에서 고독은 우리의 존재를 확신하게 해준다. 그것은 뜨겁거나 차갑지 않다. 고독은 다만 모든 감정의 배후로서, 모든 순간에 우리가 홀로 존재한다는 사실을 상기시키는 힘이다.

마찬가지로 구석본 시인의 시는 격정이나 냉정과는 거리를 둔다. 그의 시 쓰기는 묵묵하다. 그는 구태여 많은 풍경과 사물을 포착하는 데 공들이지 않는다. 그의 시에 반복되는 근원적 이미지는 마네킹, 허공과 사막, 뿌리와 등산로 등으로 요약될 수 있는데, 그 모든 이미지의 끝에 이르는 것은 자기 응시이다. 따라서 그의 모든 시어는 뒤돌아봄이다. 본래 자기 내부를 바라볼 수 있는 인간의 두 눈 대신, 언어로 자신을 직시하게 만드는 그 고독한 뒤돌아봄이다.

2. 절대고독이라는 내면, 마네킹이라는 외면

언어는 어떻게 세상을 반영할까. 이를테면 새가 날아가는 모습을 보고, 한 사람은 '새가 날아간다'고 쓰고, 다른 사람은 '비행기가 날아간다'라고 쓴다고 생각해보자. 전자(前者)는 옳은 문장이고, 후자(後者)는 틀린 문장이다. 그런데 여기서 우리가 구분할 것은 언어의 '대상'과 '뜻'이다. 정확하게 생각해보면, '비행기가 날아간다'는 문장은 맞춤법이 틀린 것도 아니고, 의미상 비문도 아니다. 그것은 언어의 대상이 잘못된 것이지, 문장 자체의 뜻이 틀린 것은 아니다. 다시 말하자면, 후자는 언어의 의미가 아닌 언어의 사용이 잘못된 것이다. 이처럼, 우리가 '틀린 문장'이라고 말하는 많은 경우는 언어가 잘못된 대상을 가리킬 때 문제가 된다.

구석본 시인의 시집은 언어의 오용을 바로잡는 것으로 시작된다. 현대인은 언어를 잘못된 방식으로 인식한다. 서시 「거울」에서 이 문제가 한 사람이 거울을 보는 사건으로 형상화된다. 이 시는 일상적인 사건, 즉 한 사람이 거울을 보며 외출 준비를 하는 사건을 그린다. 그런데 시인은 "그가 거울을 본다/거울 속에 한 남자가 죽어 있다"고 쓴다. 거울을 보는 동안, 어째서 인간이 죽는다는 것일까. '본다'는 인식이 어떻게 존재의 죽음을 가져다주는 걸까. 머릿속에 그려보자. 거울을 보는 동안 '그'는 무엇을 보는가. 거울을 보는 자는 자신의 모습을 본다. 그것을 '나'라고 생각한다. 그런데 구석본 시인이 문제시하는 것은 사람은 누구나 거울이 선명하게 비치는 '그 자신'의 상(像)에만 사로잡힌다는 사실이다. 우리가 보지 않는 것은 시간이다. 웃음 짓고, 옷단장을 하고, 휘파람을 부는 행위들은 형상의 부속이 되고, 과거가 되어버리고 잊힌다.

시인이 제안하는 바는 간명하다. 우리는 거울로 존재의 전체를 보지 않고, 일부만을 가리킨다. 거울에 사로잡혀서는 안 된다. 한 사람을 제대로 보려면, 그의 '현재'를 지탱하는 시간 전체를 통해 그 모습을 이해해야 한다. '그'의 단정한 모습은 단순히 넥타이와 향수로 치장하는 행위뿐 아니라, '좋은 아침'이라는 환경과 '웃음'이라는 표정과 함께 만들어지는 것이다. 현재는 수많은 과거의 행위로 인해 만들어진다. 하지만 인간은 거울을 잘못된 방식으로 본다. 오직 현재의 외양만을 본다. 거울을 제대로 보기 위해, 우리는 시간의 부재(不在)를 발견해야 한다. '남자'가 방을 걸어 나가는 것처럼, 거울에 사로잡힌 시선이 사라질 때만, '어제의 풍경들'은 되살아난다. 그리고 이러한 시인의 문제 제기는 언어에도 마찬가지로 적용된다. 거울이 현재의 형태만을 비추듯, 이름은 한 존재의 일부만을 가리킬 뿐이다.

하늘 높이 나는 새는 이름이 없다, 한 마리의 새일 뿐.

오늘도 나는 이름으로 밥을 먹고, 이름으로 전화를 받고,
이름으로 작별의 인사를 나누고
쓸쓸하게 집으로 돌아온다.
때로는 달빛 속을 홀로 걸으며
나의 이름으로 너를 부르며 눈물을 흘린다.

누군가로부터 이름이 불리는 동안 나는 날지 못한다.
이름을 버리지 못한 나는, 대신 날개를 버린 것이다.
날아오를 하늘을 버린 것이다.

지상의 새처럼 이름 속에 스스로 갇혀버린 것이다.

이름에는 날개가 없다.

—「새, 이름에는 날개가 없다」 부분

'새'라는 고유명이 새를 가리킨다는 착각에 사로잡혀서는 안 된다는 것이다. 왜냐하면 우리는 일상적으로 '새'라는 단어를 단지 눈앞의 새, 혹은 사전학의 지식으로 분류된 새로 이해할 뿐이기 때문이다. 인간은 새를 본다고 생각하지만, 자신이 보고 싶은 바, 즉 새의 이름과 정보를 본다. 그러나 "하

늘 높이 나는 새는 이름이 없다." 이름을 버린 채, 존재를 바라볼 때 비로소 우리는 올바른 이해의 방식으로 향한다. 그것은 우리는 새를 모른다고 말하는 것이다. 새에게는 이름이 없다고 말하는 방식이다.

한편 이것은 시인 자신이 이름을 버리고 싶은 욕망과 맞닿는다. '나'는 타인의 눈에 규정된 존재로서 발견된다. 그렇기 때문에 "누군가로부터 이름이 불리는 동안 나는 날지 못한다." 자유롭게 날지 못하게 하는 타인의 호명은 구속구다. 반대로 존재를 자유롭게 하는 올바른 이름은 침묵이다. 한 사람의 이름을 우리는 누군가의 자식이나, 어떤 직업이나, 노인이나 청년 따위로 대체할 수도 있지만, 그 모든 것이 구속구다. "이름에는 날개가 없다." 반대로 말하면, 시인은 이름을 버리고 날개를 획득하고 싶어 한다. 앞서 「거울」의 '거울'이 한 존재의 시간 전체를 비추는 거울이라면, 「새, 이름에는 날개가 없다」의 '익명'이란 가장 분명한 이름, 존재를 가리키는 상형문자다.

절대적 자유란 스스로 원인이 되는 것, 즉 홀로 국가가 되는 것이다. 타인의 시선이나 세계의 규정에 영향받지 않으며, 오직 자기 스스로 서는 것이다. 구석본 시인의 시는 절대적 자유를 표현한다. 그러나 언제 어디서든 커뮤니케이션이 가능한 현대사회에서 자유롭기란 어렵다. 그것은 때론 많은 것을 포기하는 각오가 필요하다. 시인이 고흐가 '귀'를 잘랐다고 말하지 않고, '버렸다'고 말하는 이유는 그 때문이다(「고흐의 달」). 고흐는 타인의 목소리에 휘둘리지 않기 위해 귀를 버린다. 그렇다면 우리는 이 시집의 서두를 이루는 세 편의 시에서, 구석본 시인이 사로잡힌 이미지가 '버림'이라는 것을 확인할 수 있다. 즉 시인은 거울에 비친 형상, 주어진 이름, 자신의 육체('귀')를 버린다. 그렇게 모든 것을 버리고 그는 외로워진다.

「고흐의 달」에서, 시인은 외로움만으로 충만해진다. 외로움은 빛이자 "그대의 영혼을 밝히는 그늘의 말씀"이다. 어떤 의미로 고독의 밝기는 존재의 밝기와 비례한다. 절대고독에 이를 때 존재는 환해질 것이다. 그런데 반대로 절대고독에 빠진 자를 관찰하는 입장에서 생각해보자. 고흐처럼, 한 사람이 타인과 단절하여 오롯이 자신이 된다. 타인과 단절하기 위해, 누군가 자신의 육체까지 깎아낸다. 그의 고독이 충만해지는 동안, 반대로 타인의 입장에서 그의 마음은 불가침의 영토가 된다. 완전한 침묵이 된다. 재현할 수도 없고, 이름도 없어진 타자의 마음을 우리는 어떻게 확인할 수 있는가. 자신의 마음을 침범하는 모든 형상과 이름을 차단한, 한 예술가의 영토를 어떻게 들여다볼 수 있는가. 어쩌면 진정 고독한 자는 타자에게 아무런 생기가 없는 사물처럼 발견될지도 모른다.

얼굴을 뭉개버렸다. 눈을 지우고 코를 지우고

입조차 깨끗이 뭉개버린 다음
영혼을 비우고서야
매끌매끌하고 반짝거리는 한 덩이의 물체가 되었다.

그리하여,
당신의 이목구비와 관계한다.
당신의 눈에서 절제된 눈물을,
붉게 채색된 입술을 복제하고
당신의 영혼까지 은밀하게 서서히 석고로 굳히면

뜻밖에도 당신,
나 아닌
당신의 원형이 떠오른다.

—「마네킹의 눈물」 부분

마네킹 연작의 '마네킹'은 두 가지 방법으로 독해할 수 있다. 첫 번째 독해방식은 앞서 다룬 시들과 연결해서 생각하는 것이다. 마네킹이란 앞서 고흐가 '귀'를 자르듯, '얼굴'을 뭉개버린 익명의 육체다. 마네킹에는 타인이 식별할 수 있는 고유한 개성이 없다. 구석본 시인의 시에서 마네킹은 절대적 자유에 내포된 역설적 이면을 드러낸다. 고독에 몰입하여 인간은 자유로워진다. 그런데 누구와도 소통하지 않는 방식으로 자유로운 존재가 된다는 것은, 타인의 입장에서 보면 관심을 가질 이유가 없는 타자가 될 뿐이다. '입'이 없는 외로운 존재의 가치는 누구도 대변하지 않는다. 절대적 타자란 인격이 존재하지 않는 마네킹처럼, 사물로 취급해도 좋은 존재다. 마네킹은 마음대로 옷을 갈아입히고 타인에게 전시되는, 사물로 격하된 존재를 가리킨다. 고독과 자유의 극단에는 역설적으로 존재의 사물화가 포개진다. 그런데 구석본 시인의 시 전체를 살펴볼 때, 음미해야 할 것은 그러한 한계를 감수하고서도 고독이 추구된다는 사실이다.

한편 마네킹은 자신의 '영혼'까지 포기한 채, 오롯이 타인을 위해 헌신하는 육체이다. 이로부터 마네킹에 관한 두 번째 독법이 가능하다. 마네킹에는 자아가 없다. 아예 존재가 없다. 그것은 단지 타인의 욕망을 받아쓰기 위한 육체이다. 마네킹은 '당신의 이목구비'와 관계하고 당신의 '절제된 눈물'과 '채색된 입술'을 문신한다. 자신을 완전히 상대방이 바라는 대로 사용하게 함으로써, 나의 육체는 '당신의 원형'이 드러나는 장소가 된다. 그러한 존재만이 "아름다운 당신을 대신하여 외로움의 눈물을 흘"릴 수 있다. 그렇다면 구석본 시인은 마네킹을 통해 타자에게 자신을 완전히 증여하려는 욕망을 드러내는 셈이다. 첫 번째 독법과 달리, 두 번째 독법은 앞서 살펴본 시의 욕망과 상충하는 것처럼 보인다. 시인은 형상과 이름을 버리고 자유로운 존재가 되려는 것이 아니었는

가. '이름 없는 새'와 '귀를 자르는 고흐'가 절대고독과 자유를 상징한다면, 오직 당신에게 사용되기 위한 마네킹은 그 반대로 육체의 감옥이다. 마네킹은 '영혼 없는 외로움'(「마네킹, 대가리가 없는 사람」)이자 '표정 하나'(「마네킹, 그림자가 없다」)로서 타인에게 증여된 존재다.

그런데 구석본 시인의 시세계를 살펴볼 때, 두 가지 상충하는 듯 보이는 욕망, 즉 이름을 버리고 귀를 잘라내려는 욕망과 마네킹이 되려는 욕망은 복합적으로 얽혀 있다. 그것은 외연상 똑같이 육체를 버리려는 충동이다. 하지만 문맥상 한쪽은 귀를 닫고 자아에 몰입하고, 다른 쪽은 타인에게 온 피부를 증여하려는 욕망에 도달한다. 절대고독은 완전히 자족한 자아의 상태이고, 마네킹은 완전히 증여된 자아의 형상이다. 이 복잡한 욕망은 구석본 시인의 시를 이루는 근원적 뿌리, 존재의 불안으로 인해 발생한다.

좀 더 넓게 보면, 마네킹 연작은 시인의 두 번째 시집 『노을 앞에 서면 땅끝이 보인다』(시와반시사, 1998)에 수록된 농아일기 연작을 잇는다. 앞서 '마네킹'이 타자와 단절된 육체인 동시에, 타자에게 증여된 육체인 것처럼, 농아일기 연작은 두 가지 타자의 진실을 드러낸다. 먼저 시인은 "나는 스스로/말할 수 없고 들을 수 없다는 것을/그대가 떠난 후/ 비로소 알았습니다"(「농아일기 1」)라고 말한다. 이 문장이 드러내는 첫 번째 진실은 사랑에 빠지는 순간 자아는 송두리째 타자의 소유가 된다는 것이다. 시인은 "나는 구석본이에요/사람들은 알아듣지 못합니다"(「농아일기 4」)라고 말하며 극도의 소외를 고백하기도 한다. 이는 그 누구도 한 인간의 마음을 온전히 바라볼 수는 없다는 두 번째 진실을 뜻한다. 두 진실을 종합하면 결론은 다음과 같다. 존재는 타인에 의해서 드러나지만, 타인은 나의 존재를 제대로 듣지 못한다. 이 역설이 가리키는 것은 테제는 존재는 오직 존재가 해체됨으로써만 세워질 수 있다는 것이다.

인간은 마네킹이 될 때 비로소 타인과 관계한다. 마네킹으로 형상화하는 타자의 역설을 이해할 때, 우리는 구석본 시인의 시를 깊이 읽을 수 있다. '나 자신'은 나의 소유이기에, 자신에게는 생생한 존재이다. 그러나 타인에게 호명된 '나'란 사물에 지나지 않는다. 시인은 "이제 표정 하나로 당신과 관계할 것이다."(「마네킹, 그림자가 없다」)라고 말한다. 관계는 타인이 선택한 표정으로 존재하는 방식이다. 한 편의 웃음으로 존재할 때만, "당신이 '마치 살아있는 것 같아'라고/나의 생을 증언하기 때문이다."(「마네킹 고백」) 이 진술들에는 마음을 표현할 수 없다는 체념과 타인과의 관계를 지속하려는 욕망이 복합적으로 얽힌다. 그래서 '마네킹'으로서만 타인과 교제하는 인간의 마음속에는 언제나 고독이 상기된다. 타자의 역설을 시인은 다음과 같이 표현한다. "그쪽은 그쪽에서 그쪽을 지우는 유리벽,/동시에 그대와 나를 바라보게 하는 세계."

(「유리벽」) 육체는 유리벽이다. 존재는 일방적으로 전시되는 동시에 마주 보게 하는 역설이다.

3. 육체와 허공의 줄다리기

외로움이 존재를 밝힌다. 그러나 오롯이 고독하고, 오롯이 자기인 인간은 없다. 인간은 타인을 사랑하기 때문에, 혹은 타인에게 호명되기 때문에 자유롭지 않다. 존재는 언제나 타인에게 쉽게 사로잡히고 만다. 존재는 불안하다. 그래서 구석본 시인은 육체를 정착된 형상으로 그리지 않는다. 그는 육체를 버리는 초월적 상상력이나, 육체를 사물화하는 격하의 상상을 통해 일상적 육체를 깨트린다. 타자에 의해 휘청거리는 존재는, 구석본의 시에서는 자주 위태롭고 불안한 형상으로 변화해간다. 따라서 그의 시는 육체와 허공(虛空)의 줄다리기다. 또는 '꽃'과 '뿌리'의 줄다리기다. 타인에게 증여된 육체로서의 '꽃'과 타인에게서 벗어난 자유로운 허공으로 접하는 '뿌리'가 있다. 드러난 삶의 형상으로서 육체와 꽃이 한 결레의 상상력을 이루고, 감춰지거나 죽음과 접한 존재로서 허공과 뿌리가 다른 한 결레의 상상력을 이룬다. 두 계열 상상력 중에서도 구석본 시인이 오래 들여다보는 것은 허공과 뿌리이다.

벌초하면서 봉분의 아카시나무를 뽑는다. 뽑지 않으면 다시 살아난다고 완벽한 제거방법은 뿌리째 뽑는 수뿐이라고. 죽을힘을 다해 당긴다. 이윽고 드러나는 뿌리의 정체. 나무의 키는 1미터, 그 뿌리는 두 배나 된다.

잎과 가시와 줄기만을 살았음의 형태로 알았는데……. 그 뿌리가 지하로, 관을 향해 질긴 생명을 열어가고 있었네. 소슬바람에도 흔들리는 지상의 잎과 줄기가 무덤 속 깊은 곳까지 바람과 햇살을 내리고 내려 뿌리의 길을 열고 뿌리는 줄기와 잎을 하늘 쪽으로 혹은 허공 쪽으로 높이 세우기 위해 어둠과 물을 온몸으로 뿜어 올리고 있었네.

지상과 지하의 관통.

—「관통」 부분

봉분의 아카시나무의 뿌리는 드러난 나무보다 두 배 크다. 시인이 이러한 풍경에 사로잡히는 이유는 간명하다. 관에 뿌리내리고 살아가는 '뿌리의 정체'처럼, 어쩌면 인간의 정체 또한 죽음에 뿌리내리고 있는 형상이다. '잎과 가시와 줄기' 처럼 드러난 육체만이 삶의 형태가 아니라, 수많은 죽음이 우리를 떠받치고 있기에 사는 것이다. "지상과 지하의 관통", 그것은 삶과 죽음을 수직으로 연결하는 아카시나무처럼, 죽음에 의해 축조된 삶과, 삶에 의해 하늘과 접하는 죽음의 원리를 상기시킨다. 우리의 정신 역시 그렇다. 문명이라고 부르는 것, 삶의 의지나 욕망이라고 부르는 것은, 수많은 누대의 삶을 계승하여 얻은 뿌리이다.

한 인간의 정신조차 지상과 지하를, 그리고 수많은 삶과 죽음의 시간을 '관통'한다. 구석본 시인의 시집은 이 단순하고 깊은 진실을 드러내는 데 주력한다. 현대인은 대부분 삶의 드러난 형상, 즉 '잎'과 '줄기'에만 집착한다. 우리가 일상이라고 부르는 것 대부분은 번듯한 외형을 갖추고 사는 일이다. 반대로 구석본 시인은 일상에 감춰진 허공과 뿌리를 보려 한다. 우리가 돌보지 않는 지하, 단순히 공간으로서 하부인 동시에, 시간의 적층으로서 놓인 이 '지하'가 우리의 현재를 지탱하고 자라나게 한다. "우리들 가슴의 지층에서 이글거리는 그리움과 외로움이 핏빛으로 붉은 것이 아니라 그 뿌리가 영혼의 불에 닿아 있기 때문이라는 것을 붉게 타오르는 겨울 바다를 바라보며 처음으로 알았다."(「뿌리에 관해서」) 뿌리는 영혼의 불이다. 그렇다면 우리는 앞서 '호명'이나 '마네킹'처럼 실패된 만남의 방식이 아닌, 뿌리를 통해서 타인과 만나는 방식의 가능성을 떠올리게 된다.

> 철조망을 휘감은 넝쿨장미가 꽃을 피웠다.
> 철조망 가시와 장미의 가시가 엉켜 꽃을 피운 것이다.

꽃의 뿌리는 가시다.
뿌리는 흙이 숨겨놓은 흙의 가시다.
모든 몸의 뿌리는 가시였다.

그대가 투명한 차창 건너에서 내 이름을 부를 때
그대의 목소리는 들리지 않고
자음과 모음이 여러 개의 가시가 되어
가슴을 깊숙이 찔러온 것도
내 이름의 뿌리가 가시였기 때문이다.

—「가시」 부분

우리는 마네킹 연작보다 더 내밀하고 관능적인 관계의 형태를 뿌리—가시 연작에서 발견하게 된다. 철조망과 장미의 얽힌 모습을 보며 시인은 만남의 상형문자를 발견한다. 이 관계 역시 후련하게 두 존재를 잇지는 않는다. 가시 돋친 장미와 철조망처럼, 인간은 마음으로 서로를 찌른다. 뿌리가 영혼의 불이듯, 인간은 서로의 영혼으로 깊이 찌르고 상처 입힌다. 어쨌든 마네킹의 박제된 육체에 비하면, 이 작품은 두 육체가 서로 몸속으로 파고드는 내밀한 순간의 몽상으로 한 걸음 더 나아간 셈이다. 물론 앞서 거듭 설명했듯, 구석본 시인의 시에서 호명은 실패할 뿐이다. '내 이름'은 결코 타인에게 전해지지 않는다. 그러나 「가시」에는 호명하는 육체의 애달

픈 떨림이 있다. "자음과 모음이 여러 개의 가시"가 될 때까지 거듭되는 호명은 '가슴'을 깊숙이 찌른다. 상대의 마음이 결코 이해할 수 없는 침묵일지라도, 그 마음을 부르려는 끈질긴 몸짓 자체가 전하는 울림이 있다.

호명을 넘어서는 호명하는 몸짓의 관계처럼, 구석본 시인의 시에는 관계가 실패할지라도 남는 어떤 몸짓이 아름다움의 대상으로 형상화한다. "꽃과 향기 사이에 가시가 숨어 번득인다."(「낮과 밤, 그 사이」)는 문장처럼, 아름다움의 순간은 가시처럼 찰나처럼 찌르며 온다. 혹은 그것은 기적과도 같은 것이다. 모든 삶의 실패가 아름다운 몸짓으로 반전될 수 있는 순간이기 때문이다. 만남은 소통의 실패로 끝맺는다. 하지만 실패 이후에 여운처럼 몸짓이 남는다. 이를테면 「꽃 대신 이름」과 같은 작품의 "지금부터 꽃 대신 이름으로 부르세요." 라는 문장에서 우리가 음미할 것은, 구석본 시인이 호명을 '빛깔'과 '향기'의 상실로 이해할지라도, 호명하는 몸짓만은 긍정하려 하는 역설이다.

4. 허공론

인간을 이루는 것이 육체와 정신이듯, 모든 존재를 이루는 것은 매 순간의 현존재와 그것을 지탱하는 시간이다. 그리고 필연적으로 모든 존재는 사멸한다. 모든 생명은 육체를 잃고 허공이 된다. 시인은 “모든 존재가 모이는 허(虛)와 공(空), 그곳이다.”(「허공」)라고 말한다. 다시 말해, 모든 존재는 죽는다. 허공은 광장이다. 모든 존재가 육체를 버리고 만나는 장소다. 그런데 “삶의 끝도 허공과 이어져/몸으로는 닿을 수 없는/아득한 허공에서 스스로 별이 되거나/빛을 품는 어둠이 되지요.”(「존재의 끝」)라는 문장이 표현하듯, 시인은 모든 존재가 죽음 이후에 ‘별’과 ‘어둠’이 되어 살아있는 것들을 감싸는 하늘이 되리라고 믿는다. 허공이 존재를 감싸듯, 죽음 이후에도 삶을 돌보는 흔적이 남게 되리라고 믿는다. ‘별’은 “우주의 존재를 알리는 빛이다.”(「별, 그리고 별빛」) 인간 역시 마찬가지다.

약이 되는 것은 스스로 죽은 것들이다. 죽어서 바싹 마른 것들이다. 살아있는 것에서 독성을 느끼는 봄날이다.

약을 마신다. 정성껏 달인 추억을 마시면 온몸으로 번지던 통증이 서서히 가라앉는다. 나의 영혼이 조금씩 말라간다. 언젠가 완벽하게 증발하면 나 또한 누군가의 추억이 될 것이다.

봄날, 추억처럼 어두워져 가는 산길을 홀로 접어들어가고 있는 나를 본다.

—「추억론」 부분

허공이 된 존재, 즉 “죽어서 바싹 마른 것”은 ‘살아있는 것’을 어떻게 돌보는가. 인간의 경우 ‘누군가의 추억’이 되어 돌본다. 인간의 죽음은 숨이 끊어질 때가 아니라, 더는 기억되지 않을 때 이루어지는 것이다. 반대로 말하면 죽은 이는 누군가에게는 추억으로 남아, 누군가를 돌보게 될 것이다. 그리하여 시인은 삶의 마지막 풍경을 “추억처럼 어두워져 가는 산길을 홀로 접어들어 가고 있는 나”로 그린다. 우리가 주목할 것은 죽음을 수직적 상승과 동일시하는 시인의 눈이다. 「존재의 끝」과 「추억론」이 암시하는 바는 모든 존재는 죽음 끝에 높아진다는 것이다. 죽음은 하나의 고양이며, 수행이다. 삶은 추억으로 상승한다. 이것이 시인이 주창하는 ‘추억론’이다.

이 시집 전체에 산을 오르는 일은 허공에 맞닿는 일로 형상화된다. 앞서 해설한 바를 떠올려보면, 산행은 허공과 얽힌 뿌리와 함께 생각해야 한다. 뿌리는 아래로 향함으로써, 등산은 위로 향함으로써 허공과 얽힌다. 시인의 정신에서 모든 수직운동은 허공으로 향하는 길이다. 또한 「가을의 의성어」에서 시인은 고독과 산행(山行), 그리고 가을을 동일시한다. “가을날 산을 오르면 나무에서 소리가 들려온다./쓸쓸, 나무가 혼자 중얼거리는 말/쓸쓸, 쓸쓸”이라는 문장이 가리키듯, 가을은 고독이 무르익는 계절이다. 마찬가지로 추락하는 '낙엽' 역시 허공의 상징이다. "낙엽, 흔들리지 않는 정체"(「가을의 말씀」)란, 우리 모든 존재가 낙엽처럼 스러져 허공이 될 것이라는, 단 한 마디의 분명한 말씀이다.

한편 「외로움의 상징」에서 시인은 "무수히 담금질 당한 가죽처럼/질기고 부드러우며 결코 지워지지 않는/외로움이었네."라고 말한다. 고독은 무두질이다. 고독에는 인간이 자신을 다듬어 한 걸음 높아지려는 부단한 노력이 내포된다. 그렇다면 인간은 삶이라는 수행 끝에 무엇에 이를 것인가. 구석본 시인이 그리는 삶의 끝에는 두 가지 풍경이 있다.

> 모랫길이 끝나는 그곳에는 강이 흐르고
> 향기로운 꽃들이 피어 있을 거야
> 모래밭 그 너머
> 밤이면 별빛이 부서져 무지갯빛으로 내리는
> 그런 언덕에
> 나만의 집이 한 세상을 암탉처럼 품고 있을 거야
>
> —「낙타의 고백」 부분

산 아래서 하늘이라 불렀던, 세상 바깥이라 생각했던, 그래서 세상을 떠난 그들의 눈물이, 그들의 외로움이 어느덧 영원의 몸이 되어 문득 나타날 수도 있으리라 상상했던 정상은 빛깔도 소리도 느낌까지도 없는 무한의 허공이었다.

정상이 맞닿은 하늘의 세계는 텅 빈 허공이었다.
초기화면 이전의, 시작도 종료도 없는 화면이었다.
허공에서 불어오는 허무의 바람에
우리들은 신의 무덤에 피어난 꽃으로 하늘거리다가
무덤 하나 짊어지고 산을 내려왔다.

—「산 혹은 神」 부분

시인은 이중의 시선으로 허공을 바라본다. 인간에게 죽음이 주어져 있다는 사실, 하나의 허공으로 되돌아갈 수 있다는 사실은 보상이다. 「낙타의 고백」에서 시인은 허공을 꿈꾼다. 허공은 한 채의 집이다. '한 세상'을 둥근 알처럼 품을 수 있는 향기와 무지개의 언덕이다. 낙타는 자신의 삶을 묵묵히 견디는 한 인간의 자세이고, '나만의 집'은 오롯이 삶을 완수한 자에게 주어지는 보상이다. 「산 혹은 神」에서 시인은 허공을 무거운 짐으로 형상화한다. 허공은 삶을 짓누르는 무게이다. 그것은 "초기화면 이전의, 시작도 종료도 없는 화면"이다. 기계적인 은유를 통해, 시인은 죽음이 기계적으로 찾아오는 무거운 숙명임을 암시한다. 삶의 끝에 주어지는 것은 '무덤'이라는 짐이다. 인간은 그 무거운 '무덤'을 지고 내려올 것이다.

인간이 허공을 때론 후련하게 받아들이고 때론 두려워한다는 것, 이 두 가지 마음을 방황한다는 것은 놀라운 일은 아니다. 허공은 모든 삶의 무게를 훌훌 털어버리고 '무지개의 언덕'으로 끌어올리는 환희일 수도 있고, 반대로 무거운 '무덤' 하나 지고 추락하는 일일 수도 있다. 어떤 의미로 삶의 끝은 심판이다. 우리 자신의 마음이 우리 자신의 삶을 뒤돌아보며 내리는 고독한 심판이다. 시간은 추억이 되어 우리를 쫓는다. "숲 밖에는 내가 쏘았던 화살들이 어두운 허공으로 여전히 날아가고 있었다."(「사냥일지」)라는 문장이 가리키듯, 인간이 행한 모든 일은 언젠가 그 자신을 뒤쫓는다. 시간은 우리가 깨닫지 못할 때도 "참으로 조용히 아무도 몰래/내 속으로 들어와 쌓이고 있다."(「무덤」)

대부분의 경우, 구석본 시인은 허공을 후련하게 받아들이는 쪽을 택한다. "바람이 불 때마다/상수리나무는 가진 것 하나씩 버리고 있다."(「겨울나무의 생」) 시인 역시 상수리나무처럼 후련해지고자 한다. 소유하지 않는다는 것은 날아오른다는 것이다. 이름 없는 새처럼, 무지개가 걸린 언덕의 집처럼, 높아지는 것이다. 소유하지 않는다는 것은 반대로 말하면, 자기 자신만은 확고하게 소유한다는 뜻이다. "외로움이 길이 된다"(「런닝머신에서」)라는 문장이 가리키듯, 시인은 매 순간 자신의 외로움을 길로 삼는다. 고독을 통해 그는 높아진다.

그대 이제, 비로소 흔들리지 않는다.
꽃피우지 않는 뿌리는 땅속 깊이 박혀
마침내 중심이 되고
꿈꾸지 않는 가지는 바람 앞에서도
언제나 하늘을 향해 뻗어 있다.

겨울밤, 눈처럼 하염없이 쌓이던 간절한 그리움을,
무시로 칼날처럼 솟구치던 독기를,
활딱 벗어버리고
전라(全裸)로 서 있는 그대,
한 생을 증언하는
저 싱싱하고 꼿꼿한 자세,
죽음은 이렇듯 구체적이다.

세상 안에서
살아있는 자들이 닿을 수 있는 영원의 모습이다.

—「고사목(古死木) 앞에서」 전문

선 채로 말라죽은 '고사목'은 시인이 염원하는 죽음의 자세를 상징한다. 그것은 한 채의 말뚝이다. 나무는 우뚝 선 죽음, 의연하게 죽음을 받아들이는 '싱싱하고' '꼿꼿하며' '구체적인' 자세이기에 말뚝이고, 그 우뚝 선 자세로 지탱하고 있는 것은 오직 자신이기에 한 채의 집이다. 시인은 아무것도 소유하지 않은 '전라'의 나무야말로 "살아있는 자들이 닿을 수 있는 영원의 모습"이라고 말한다. 삶의 끝에서는 모든 것을 버려야 한다. 자신만을 소유해야 한다. 이것이 시인이 바라는 고사목의 증언이다.

구석본 시인의 시를 독자인 우리는 어떻게 추억할 것인가. 그것은 삶의 방황보다 삶의 완수에 미리 눈 돌리고, 뿌리로부터 고사목까지, 우뚝 선 높이가 되려는 시인의 정신이다. 타인을 침범하지 않고, 또는 타인의 침범을 용인하지 않고 자신의 삶을 감내하는 한 채의 고독이다. 그의 시는 의연하다. 한편 어떤 의미로 구석본 시인의 의연한 자세는 우리에게도 그를 따라서 지나치게 비리고 고통스러운 삶 자체를 삼키도록 권한다. 그의 시는 "비릿하면서도 고소하다/한 생을 통째로 먹는 맛이다"(「허기」).

또한 그의 시는 진실을 관통한다. 고독은 모든 인간에게 부여된 의무이다. 수많은 타인과 관계하더라도 인간은 홀로 죽는다. "홀로 걸어야 하는 그 길이/잠시 사람들 속에 묻혀 있음을 안다."(「비 오는 날의 산책」) 누구에게든 삶을 홀로 감당해야 한다는 의무는 삶의 시작부터 마지막까지 지속하는 것이다. 구석본 시인의 시는 완수이고, 심판이고, 살아있는 자가 닿을 수 있는 마지막 모습이다. 그것을 시인은 영원이라고 부른다. 과연 고독은 영원에 이를 수 있을까. 그것이 설령 진실이 아닐지라도 영원이라는 단어에는 구석본 시인이 닿으려는 정신의 높이가 깃든다. 그는 자신의 고독을 영원의 높이까지 받아쓴다. 어쩌면 영원이라는 단어는 자신의 고독을 어느 정도로 시인이 받아들이려 하는지 보여준다. 그는 죽음 너머까지, 소유했던 모든 것을 내려놓는 그 순간 너머까지 고독을 완수하려는 것이다.

이 도서의 국립중앙도서관 출판시도서목록(CIP)은 서지정보유통지원시스템 홈페이지(http://seoji.nl.go.kr)와 국가자료공동목록시스템(http://www.nl.go.kr/kolisnet)에서 이용하실 수 있습니다.(CIP제어번호: CIP2019033063)

시인동네 시인선 111

고독과 오독에 대한 에필로그

초판 1쇄 인쇄 2019년 9월 2일
초판 1쇄 발행 2019년 9월 9일
지은이 구석본
펴낸이 고영
책임편집 서윤후
디자인 헤이존
펴낸곳 문학의전당
출판등록 제2017-000002호
주소 서울시 마포구 마포대로 11길 91, 3층
전화 02-852-1977 팩스 02-852-1978
전자우편 sbpoem@naver.com

ISBN 979-11-5896-434-4 03810

*이 시집은 2019 대구문화재단 개인예술가창작지원으로 발간되었습니다.